大展好書　好書大展
品嘗好書　冠群可期

大展好書　好書大展
品嘗好書　冠群可期

實用武術技擊 26

詠春拳木人樁

附VCD

韓廣玖 著

大展出版社有限公司

作者簡介

　　韓廣玖　1956年出生於廣州，自幼隨父習武，16歲從名師譚迪修蔡李佛拳，20歲參軍入伍並在邊防部隊磨練多年，20世紀80年代，先後師從詠春拳（梁贊派系）嫡傳八代傳人彭南及佛山太極宗師區榮鉅研習詠春拳及楊式太極、六合八法等拳術，同時專注於南派武術的系統研究並卓有成效，是中國武術段位五段武師，佛山武術協會理事。曾任廣東省佛山市精武體育會第23、24界理事，佛山市詠春活動中心副主任。

　　韓廣玖先生視研究和弘揚中華武術爲畢生事業，不僅爲此傳藝授徒，還注重深入生活，博取各家之長，突破傳統地域的限制，結合實際變通創新，逐步形成自己獨特的技藝風格，並提筆整理撰編武術專

著。已先後出版了《羅漢伏虎拳》、《蝴蝶雙掌與蝴蝶雙刀》、《鐵弓三線拳與行者棍》和《五形拳與十八纓槍》等多部南少林武術書籍，豐富和充實了中國傳統武術理論思想寶庫，爲海內外武術愛好者提供了重要的參考資料，深受海內外武術愛好者的青睞。

目　錄

詠春拳木人樁法

木人樁法是詠春拳的高級套路。詠春拳非常注重實戰，詠春門前輩為了適應實戰搏擊，在總結經驗、不斷實踐的基礎上，將小念頭、尋橋和標指三套拳的攻防手法、步法、腳法和身法分解拆散並提煉，重新組合，編入了木人樁法的訓練中，使詠春拳的推手、黏手等對抗性技法在木人樁練習中得到體現。在詠春門中，木人樁法是弟子間研究手法、招式和相互對拆的必修課程。只有苦練和巧練，才能提高雙臂的靈敏反應能力，鍛鍊出手的寸勁，才可進入「聽勁」的境界。

一、詠春拳木人樁法的特點

詠春拳木人樁法的主要特點是技擊性強。練習木人樁就是練習技擊，視木人樁為假想的打擊對象，用自己的方式方法去接觸對方，或上下齊攻，或雙手齊出，或單手進攻，或指上打下，或伴用拳而實用腿，或手腳並用，或進步而攻，或擺步而守，或步步緊迫，等等，攻防結合，閃側與俯仰兼施。透過試練，摸索出最佳的進攻方法。

練習木人樁法的目的，第一，習者從不同角度及方向移動身體時，能正確地運用肘部，並保持肘部與身體恰當的位置。第二，由不斷的打樁實踐，使習者的手臂敏感度

更高，技擊更加嫻熟。第三，使習者能有一個過程去體會搏擊中腰、馬、橋的運用；更加熟悉身形、手法、促勁和化勁，以及如何近敵、迫敵和擊敵。

第四，練習木人樁法，能使橋手得到很好的鍛鍊。因它是根據運力的不同角度去練的，每一個動作所運的力都有不同的方向。練至嫻熟，橋手能硬而不僵，鬆而不懈，形曲意直，神圓力方。第五，將學過的三套拳在木人樁的練習中溫故知新，使耕手、攔手、攤手、膀手、黏手、摸手、蕩手、捋手及穿伏、搭按、拿送、偷漏掛及撩陰腳、鉤腳等得以熟練，全身上下各處都有虛實、輕重，有吸力和反彈力。第六，練習木人樁法，能很好地鍛鍊手腳的配合和寸勁的發放，一旦觸敵發力時，即可用意念和六合控制出手，在瞬間擊出爆發力。

二、詠春拳木人樁法的技擊要求

1. 要有敢想、敢拼的精神

在木人樁法訓練中，要把木人樁設想為真正的敵人，思想上不能有任何的輕視，時刻抱有以氣勢壓倒敵人的意念。抬手要打它，起腳要踢它，步法要迫它，走法要過它，肩、肘、膀和膝要撞它，以尚武的精神調動自己的一切，發揮習者的最大潛能，達到必勝的目的。

2. 練成威嚴的目光

在木人樁法的訓練中，練武者應鍛鍊一種威嚴的目光，逼視假想為敵人的木人樁。經過日久訓練，遇到實

戰，這種威嚴和犀利的目光會使敵人膽戰心驚，不戰而敗。練習木人樁時一定要「虎眼圓睜」，經過長期的睜目訓練，可「透視」對手的心理，具備明察秋毫的能力。

3. 掌握好中線攻防

所謂中線即子午線，是我們人體的中心所在，即詠春拳的攻防核心。實戰搏擊中，要運用輕靈的步法、身體的閃側及俯仰的移位，使自己既不失守這一中心，又不失去身體的平衡。只有守住自己的中心，才有可能攻擊對手的中心，破壞對手的身體平衡。

具體做法是「裏簾必爭」。當對方出手向我中線進攻時，我也同時從中線出擊，力保不失中線。若對手功力深厚，由搶壓我橋手來占中心，我可腰胯動、橋不動，用步法、身法和移位來救腰，絕不將中線失給對手。

4. 攻防招式要快、準、狠

手法的要求是：出手快，收得更快。拳經所謂「伸手出招快打慢」就是這個道理。練習木人樁時，應恪守「守如處子，動如猛虎」的宗旨，不管對方如何發招，堅守中線直拳，以標指的一快制百慢，在守中和搶中的過程中贏得制勝的時間。當對方進步或我向對方中線進擊時，不要考慮對方的勢，須以我橋手的快與多變來與對方搏擊。這一切都要求在快中求準，快中求穩，快中求活，快中求巧。除了出手快，打擊的目標須要準確，打出的力量要有滲透感。所謂力量的滲透，即拳掌擊在木人樁正面，但想像力量已滲透到木人樁的背面，甚至更遠的地方。只有將

意念運用到練武中去，經過長時間的訓練，才能掌握好滲透力、手臂的「聽勁」以及洞察對手心理的能力。

5. 敢於連削帶打的近戰

要敢於黏身迫近對方，運用「耕攔攤膀，黏摸蕩拐」等手法去接對方的進攻，與對手短橋相接，或纏住對手，或撞擊對手，在手黏手中迫對手「無法走」，再以迅雷不及掩耳的速度去削對方的來手，並用「四兩撥千斤」的借力手法去化解對方的來勢，再轉用迫力、按力、彈力、抖勁給對方以重創。

三、詠春拳木人樁的結構

粗大圓木一條，頭部距上樁手32.6公分，上樁手距中樁手23.3公分，下樁手距樁腳42.5公分，樁腳至入地下部分49.4公分。入地部分為正方形，周長50公分。

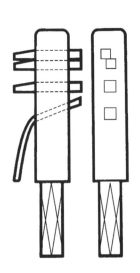

豎樁時先在地上挖一個坑，將樁垂直放入後倒入混凝土，將樁固定豎好，待數日水泥乾後即可使用。樁身上裝有三隻短樁手，代表木人從上下左右的來拳。樁手的長度29公分，嵌入木樁部分的長度是28.5公分，前手直徑3.6公分。在與習武者膝同高的地方設一木腿，呈一定的彎度支撐著地面（見結構圖）。

四、木人樁法套路動作及要領

1. 開鉗陽馬

開鉗陽馬站於樁前運氣（深呼吸），將肩、肘及雙掌外攤，然後提至將台，再運氣徐徐將雙掌插下（左外右內），並促勁內扣（圖1-1）。

要　領

身正立，胸腰正，兩手垂直，頭如頂千斤大石；氣沉丹田，再達四肢，目光正視，唇閉氣提，舌頂上腭，開馬、攤掌、起掌、插掌、掛拳為起勢。

2. 將台豹拳

以雙掛拳拋向木樁，然後兩手收回至將台（圖1-2）。

要　領

以鉗陽坐馬，雙膝微開，雙手握拳於胸際，雙

圖1-1

圖1-2

圖1-3

圖1-4

目平視，如藏龍臥虎在胸間。

3. 雙龍探爪

站二字鉗陽馬，左上右下地疊雙掌由將台插向木椿的咽喉部位，兩小臂黏椿手的內側，然後沉肘、膀肩（圖1-3）。

拆門解義

此乃二橋上勢迫肘法。如對方用拳向我中路攻擊，我即用標指直插對方的上中路。這是詠春拳中的穿橋妙法。

4. 伏虎藏龍

依上勢，用五指爪按住木椿兩手，然後雙肘拖回至兩肘留中位置（圖1-4）。

拆門解義

如對方用直沖拳向我中路攻擊，我即可運氣於

手，由上向下按，卸對方攻擊之力下走，化其威力。

5. 雙龍戲珠

依上式，雙手成刀掌並促勁內按，兩手背要向外側（圖1-5）。

拆門解義

如對方以直沖拳向我中路攻擊，我可用伏虎藏龍轉抱掌卸其向左右，化其威力。

圖1-5

6. 托樑換柱

依上式，當雙掌向外轉攤成陽掌時，兩手促勁往上攤托。注意兩手要留中（圖1-6）。

拆門解義

如對方用直沖拳向我中路攻擊，我用托手向上托其手，化其威力。

圖1-6

圖1-7

圖1-8

7. 獅子回頭

依上式，左腳向側邁出一步，身隨腰轉，面向左方，目光向右。右手以肩、肘、腕扣勁，沉腰開膝並以上臂促勁，小臂向右椿手內簾膀出，左手成拜掌留於右肋前方一拳位（圖1-7）。

拆門解義

如對方用右直沖拳向我中路攻擊，我用右中膀手膀住對方來手，左護手護在右肋旁，然後轉招天王托塔。

8. 天王托塔

右膀手在內簾以沉肘掌由下向上攤（由內而外成右攤掌），左拜掌以行化上掌擊向木椿頭右腮部（圖1-8）。

拆門解義

當我右膀手膀住對方

來拳時，即可移步上馬，
右腳緊隨轉身。化膀手為
攤手，左護掌變切掌擊向
對方頭部。

9. 迫步耕攔

　　右腳扣勁迫入木樁腳
（開膝以小腿迫住樁
腳）。同時，左手化為耕
手，耕住木樁右手外簾，
右攤手化為攔手，並以肘
帶手往下攔住木樁下手。
目光注視木樁中線（圖1–
9）。

拆門解義

　　當對方同時用右手和
右腳向我攻擊時，我即可
左閃一步移到對方的右
邊，用左手耕住對方的來
手，右手攔住對方的來
腳，然後進身向對方迫
去，使對方的身體瞬間失
去平衡。

圖 1-9

圖1-10

圖1-11

10. 擺步攤膀

依上勢，右腳扣勁抽出後邁向右方，以腰帶動向左前成雙弓鉗陽馬。右手以沉肘掌往上攤住木樁（肘與肋留一拳之位），左耕手以掌心、虎口促勁，以外簾膀手向下樁手膀出。頭向左，目光注視木樁中線（圖1-10）。

拆門解義

如對方用左直沖拳和右腳同時向我中下路攻擊，我即可用擺步攤膀迫使對方身體失去平衡。如對方再向我打來右直沖拳，我即可正身坐馬，用右伏左沖拳打擊對方面部。

11. 天王托塔

依上式，左手外攤，右掌收回化拳，隨即猛擊木樁頭部的左腮。目光注視左掌（圖1-11）。

12. 迫步耕攔

依上式，左腳以針步迫入樁腳，開膝緊貼樁腳成雙弓鉗陽馬。右掌以耕手耕住木樁左手，左攤手化為攔手往木樁下手攔去（圖1-12）。

13. 猴王取桃

依上式，左腳扣勁從木樁腳抽出後成針前步，開膝，身隨腰轉，面對木樁成二字鉗陽馬。右耕手化弓背留中掌，左攔手化橫掌向木樁的腹部打出（圖1-13）。

拆門解義

當我用右手耕住對方的沖拳，左手攔住對方腳的同時，即可正身坐馬，右手割住對方的來拳，左手成橫掌擊向對方的右肋。

圖 1-12

圖 1-13

圖 1-14

14. 托樑換柱

依上式,兩掌外攤轉成陽掌時雙手促勁往上推託,兩手留中(圖1-14)。

圖 1-15

15. 獅子回頭

依上式,右腳隨腰轉向右方。左手以肩肘轉動膀向木椿左手內簾,右手成拜掌護在左肋前方。頭向左,目光視木椿中線(圖1-15)。

16. 天王托塔

依上式，左膀手沉肘留中轉成外簾攤手，以肩肘促勁用右單拜掌推向木椿頭腮部。右腳向右前移半步，身腰馬轉左（圖1-16）。

圖 1-16

17. 迫步耕攔

依上式，左掌以肘下轉攔住木椿下手，右手向木椿左手耕去（耕在木椿左手外簾）。左腳以針步迫住木椿腳，小腿緊貼椿腳（圖1-17）。

圖 1-17

18. 擺步攤膀

依上式，左腳扣勁抽出木椿腳後以針步上一步，身腰馬向前。同時，左手以肩肘促勁往上攤住木椿右手內簾，右手膀向木椿的下手（圖1-18）。

圖 1-18

19. 天王托塔

依上勢，左攤手收回後直推，猛擊木椿頭右腮部，右膀手隨身轉攤手攤向木椿右手外簾（圖1-19）。

圖 1-19

20. 迫步耕攔

依上式，右腳迫住木椿腳。左掌以肘轉動耕向右椿手外簾，右攤手以肘帶動變為右攔手，攔住下椿手（圖1-20）。

圖 1-20

21. 猴王取桃

依上式，右腳以針步抽出木椿腳，身隨腰馬轉正。左耕手沉肘化為弓背留中掌，右攔手化橫掌猛擊木椿的肋部（圖1-21）。

圖 1-21

圖1-22

22. 托樑換柱

依上式，雙掌外攤至陽掌時，兩手促勁往上推託。注意兩手留中（圖1-22）。

圖1-23

23. 美人照鏡

依上式，左手變攤手攤住木樁右手，右手化單拜掌守在左胸前（圖1-23）。

拆門解義

如對方以直沖拳向我中路攻擊，我可順次攤手攤住對方，隨後化豎掌打對方的面部。

24. 伏虎連珠

依上式，左攤手變伏手伏向木樁左手，右拜掌不動（圖1-24）。

拆門解義

如對方用直沖拳向我中路打來，我即可用伏手伏住對方的來手，然後化掌猛擊對方的面部。

圖 1-24

25. 美人照鏡

依上式，左伏手變攤手攤住木樁右手，右拜掌不動（圖1-25）。

圖 1-25

26. 推山塡海

依上式，左攤手化掌直擊木椿的面部（圖1-26）。

拆門解義

當攤手攤住對方打來的橋手的時候，即可化為豎掌打對方面部。

圖 1-26

27. 獅子回頭

依上式，左腳以針步向左一步，身、腰、馬緊隨。右單膀手以肘、肩力膀向木椿右手內簾，左單拜掌立於右肋前。頭部向右，目光注視木椿中線（圖1-27）。

圖 1-27

28. 鑿壁尋珠

依上式，右膀手沉肘並以掌往外攤，攤在木樁右手上；左拜掌化拳擊向木樁右肋。同時，左腳以針步向右側微轉成雙弓鉗陽馬（圖1-28）。

拆門解義

當右膀手膀住對方打來直拳的橋手時，右手即沉肘轉為攤手，攤住對方來手，左步走側進馬，左護掌化拳打在對方的右肋。

29. 獅子回頭

依上式，左手成飄膀（肘要齊眉高），右拜掌立左胸前。以身腰帶腳彈出菱形三角步，上身呈小仰勢，目光注視木樁中線（圖1-29）。

圖1-28

圖1-29

圖 1-30

30. 搖龍歸洞

依上式，左肘下沉旋轉，帶拳由左上打出掛拳。同時，右腳針步落地成側二字鉗陽馬（圖1-30）。

拆門解義

當膀手膀住對方來拳時，右護掌立即抓住對方手腕，左膀手化掛拳打向對方面部，然後再轉下招——烏龍吐珠。

圖 1-31

31. 烏龍吐珠

依上式，左拳收回，身隨腰轉動並以肩、肘勁衝出右直拳（圖1-31）。

拆門解義

當左拳掛出後，即化耕手耕住對方右手，然後出右直沖拳打向對方的面部。

32. 懸崖勒馬

依上式，當右拳打在木樁頭部時，即用收轉拜掌於左肩前，打出左日字拳在木樁頭部。馬上右掌抓住木樁右手，左拳以肘轉動小臂耕向木樁左手，成側身鉗陽馬（圖1-32）。

拆門解義

當我用右直沖拳打向對方的面部後迅速下抓，抓住對方的手腕，左耕手同時下壓，壓住對方的腕關節，將其擒住。

圖1-32

33. 雙龍出海

依上式，身腰馬轉動使面朝木樁，成拍腳鉗陽馬。然後雙手變掌直擊木樁（圖1-33）。

圖1-33

圖 1-34

34. 童子拜佛
依上式不動,雙掌收回合十,注意留中位(圖1-34)。

拆門解義
雙手迅速收回胸前後成拜佛掌轉下式。

35. 力踢華山
依上式,左腳緊扣,以腳掌力踢向木椿肋部以下(圖1-35)。

拆門解義
如對方以低腳向我攻擊,我即可迅速出左腳,踢對方的踝關節。該腳法常是以守為攻。

圖 1-35

36. 探囊取寶

依上式，左腳收回落地後，右腳尖仰起踢向木椿下部。同時，右手攤向右木椿手外簾，左手以低掌擊向木椿右側（圖1-36）。

拆門解義

如對方用直沖拳向我中路打來，我即以閃側勢向對方的右邊黏身迫上，右手攤住來拳，左手化低掌猛擊對方的肋部。

圖 1-36

圖1-37

圖1-38

37. 耕攔腳法

依上式，右腳後退一步，左腳配合手以腳尖貼椿身刮上。左手變耕手耕住木椿右手外簾，右手以攔手攔住木椿下手（圖1-37）。

拆門解義

當對方以右直沖拳和右腳向我上、下兩路同時攻擊時，我即以閃側勢閃向對方的右邊，右攔手攔住對方的來腳，左手耕住對方的來拳；同時，以左腳刮向對方的襠部。

38. 探囊取寶

依上式，左腳收回一步，右腳以腳尖踢向木椿底部。同時，右攔手轉攤手攤住右木椿手外簾，左耕手變低掌猛擊木椿右側（圖1-38）。

39. 迫步耕攔

　　依上式，移右腳迫住木樁腳。右攤手化下攔手攔住木樁下手，左掌上耕住木樁右手外簾（圖1-39）。

圖 1-39

40. 擺步攤膀

　　依上式，右腳扣勁移出木樁腳成雙弓鉗陽馬。右攔手往上攤向左木樁手內簾，左下膀手膀住木樁下手（圖1-40）。

圖 1-40

41. 紫微伏獸

依上式，身腰隨馬轉正成二字鉗陽馬，面朝木樁。右攤手往木樁下手按去，左膀手變拳在木樁兩手間打出日字沖拳，猛擊木樁的面部（圖1-41）。

拆門解義

當用擺步攤膀黏住對方的來拳和來腳時，即可移馬坐正，右手化掌下按對方的拳腳，左手化直拳直打對方面部，又可轉下招——鳳爪虎拳。

圖 1-41

42. 鳳爪虎拳

依上式，左拳化爪抓住右木樁手，右按掌化拳在木樁兩手間打出日字拳，猛擊木樁的面部（圖1-42）。

拆門解義

當我方左拳打在對方面門上時，即變抓手抓住對方右手，右按掌變沖拳向對方面部打去。

圖 1-42

43. 托樑換柱

依上式，雙掌外攤轉成陽掌時，雙手促勁往上推託，注意兩手留中（圖1-43）。

圖 1-43

44. 美人照鏡

依上式，鉗陽馬不變，左手化為單拜掌；同時，右手化為攤手攤在木椿手上，注意要留中（圖1-44）。

圖 1-44

45. 伏虎連珠

依上式，右攤手變伏手伏向木樁的右手，左單拜掌不變（圖1-45）。

圖1-45

46. 美人照鏡

依上式，右伏手變攤手攤在木樁左手上，左拜掌不動（圖1-46）。

圖1-46

47. 推山填海

依上式，右攤手以肩、肘促勁推出上掌猛擊木樁的面部，左拜掌不動（圖1-47）。

圖 1-47

48. 獅子回頭

依上式，左單拜掌以肩、肘轉向木樁左手內簾膀去，右掌收回成拜掌護於左肋前。然後，右腳向右方邁一步，頭向左，目光盯住木樁（圖1-48）。

圖 1-48

圖1-49

49. 鑿壁尋珠

依上式，右腳以鉤針步沿木樁左側移動步（身腰馬隨左轉）。左膀手沉肘變掌向木樁手左邊外簾攤出，右拜掌化日字拳向木樁左肋擊去（圖1-49）。

50. 獅子回頭

依上式，身腰馬左轉，以腰帶動左腿彈出，左腳尖蹺起內扣（身呈小仰勢）。右拳化飄膀手向木樁左手外簾膀出，左攤手變拜掌護於右肋前（圖1-50）。

圖1-50

51. 搖龍歸洞

依上式，身腰微動，左腳跟著成二字鉗陽馬。右飄膀手沉肘起拳掛向木椿頭部，左拜掌變抓手抓木椿左手（圖1-51）。

圖 1-51

52. 烏龍吐珠

依上式，身腰馬稍右轉，右掛拳化護掌留中，左抓手變日字拳打在木椿的腮部（圖1-52）。

圖 1-52

圖1-53

圖1-54

53. 懸崖勒馬

依上式，身腰馬左轉，收右腳成拍腳鉗陽馬。當左日字拳打向木椿面部時，即曲收轉拜掌護右肩前，打出右日字拳在木椿面部。左掌順勢抓住木椿的左手，右沖拳耕向木椿左手（圖1-53）。

54. 雙龍出海

依上式，身腰馬右轉成拍腳鉗陽馬，雙手變雙掌猛擊木椿面部（圖1-54）。

55. 童子拜佛

依上式，兩掌收回胸前合十成拜佛掌（圖1-55）。

圖1-55

56. 力踢華山

依上式，右腳扣勁，以腳掌向木樁肋部踢出（圖1-56）。

圖1-56

57. 探囊取寶

依上式，右腳退一步落地後，左腳尖上仰踢向木樁底部。左攤手攤向木樁左手外簾，右手成低掌直擊木樁腹部（圖1-57）。

圖 1-57

58. 耕攔腳法

依上式，左腳回收半步，右腳刮向木樁下半部（由下向上刮）。左手攔木樁下手，右手耕木樁左手（圖1-58）。

圖 1-58

59. 探囊取寶

依上式，右腳退一步落地後，左腳尖仰踢向木樁底部。左掌變攤手攤向木樁左手外簾，右手成低掌擊木樁腹部（圖1-59）。

圖1-59

60. 迫步耕攔

依上式，左腳以鉤針步迫入木樁腳，腳外側緊貼樁腳。雙手成左攔右耕（圖1-60）。

圖1-60

61. 擺步攤膀

依上式，左腳扣勁抽離木椿腳後以針步向前，身腰帶動馬成雙弓鉗陽馬。轉左手攤住木椿右手內簾，右膀手膀住木椿下手（圖1-61）。

圖 1-61

62. 紫微伏獸

依上式，身腰馬右轉，正對木椿。左攤手轉按手往下按住木椿下手，右膀手沉肘爭得內簾後，由木椿左右手間直擊木椿面部（圖1-62）。

圖 1-62

63. 鳳爪虎拳

依上式，身腰馬不動，右拳沉肘變掌向木樁左手抓去，左按掌變拳上沖猛擊木樁面部（圖1-63）。

圖1-63

64. 托樑換柱

依上式，雙掌外攤轉成陽掌時，促勁往上推託。注意雙手留中（圖1-64）。

圖1-64

圖 1-65

圖 1-66

65. 蛟龍滾浪

依上式，以身腰馬促勁左轉，重心在右腳上。左手變攔手攔在木樁的右手內簾，右手成耕手耕在木樁左手外簾（圖1-65）。

拆門解義

如對方以雙拳撞擊法向我攻擊，我用雙拆掌或雙托手接招，身腰馬立即坐正，左手轉為攔手，右手轉為耕手，連削帶打反擊對方。

66. 蛟龍滾浪

依上式，身腰右轉，重心在左腳上。左手變耕手耕住木樁右手外簾，右手變下攔手攔住木樁左手內簾（圖1-66）。

67. 蛟龍滾浪

依上式，以身腰馬促勁左轉，重心在右腳上。左手起肘沉指成攔手攔住木樁右手內簾，右手轉攤成耕手，耕在木樁左手外簾（圖1–67）。

圖 1-67

68. 飛鷹擒兔

依上式，身腰轉正成二字鉗陽馬。右手成弓背留中掌留住木樁左手，左手化掌猛擊木樁右肋（圖1–68）。

拆門解義

在身腰馬轉正的同時成二字鉗陽馬，正面對敵，此時，右耕手變割手，左攔手可沉肘打出左橫掌擊對方的肋部。

圖 1-68

圖 1-69

圖 1-70

69. 托樑換柱

依上式，當雙掌外攤轉成陽掌時，兩手促勁往上推託。注意兩手留中（圖1-69）。

70. 蛟龍滾浪

依上式，身腰右轉，重心在左腳上。左手變耕手耕在木樁右手外簾，右手成下攔手攔在木樁的左手內簾（圖1-70）。

71. 蛟龍滾浪

依上式，以身腰馬促勁左轉，重心在右腳上。左耕手沉腕起肘成攔手，攔在木樁的右手內簾，右下攔手轉成耕手，耕在木樁左手外簾（圖1–71）。

圖 1-71

72. 蛟龍滾浪

依上式，身腰右轉，重心在左腳上。左手變耕手耕在木樁右手外簾，右手下攔手攔在木樁的左手內簾（圖1–72）。

圖 1-72

73. 飛鷹擒兔

依上式，身腰馬坐正成二字鉗陽馬。左手成弓背留中掌按住木樁右手，右手以橫掌猛擊木樁左肋部（圖1-73）。

圖1-73

74. 托樑換柱

依上式，當雙掌外攤轉成陽掌時，兩手促勁往上推託。注意兩手留中（圖1-74）。

圖1-74

75. 獅子回頭

依上式，左腳以釘步向左前方一步，身腰馬隨即跟上一步。右手單膀起，以肘、肩勁膀向木樁右手內簾，左單拜掌護於左肋前。目光右視，盯住木樁中線（圖1-75）。

圖 1-75

76. 彪躍懸崖

依上式，左腳圍木樁上一步，身腰馬隨動。右手變伏掌伏住木樁右手背，左手變刀掌猛擊木樁脖子（圖1-76）。

拆門解義

當身腰馬隨步向前左轉，閃避對方進攻時，我可用右手抓住對方右拳，左手化陰掌打在對方的脖子上。

圖 1-76

圖 1-77

77. 迫步耕攔

依上式，進右腳迫住木椿腳。左手變耕手耕住木椿右手，右手成攔手攔住木椿下手（圖1-77）。

78. 鑿壁尋珠

依上式，右腳抽離木椿腳成二字鉗陽馬。左手成弓背留中掌伏住木椿右手背，右掌變拳促勁擊向木椿中丹（圖1-78）。

圖 1-78

79. 猛豹穿峰

依上式，右手上攤，攤住木椿左手內簾，並以右沖拳打木椿中丹（圖1-79）。

拆門解義

當我用拳打在對方胸部時，即轉為攤手攤住對方的左手，左割手化拳壓打對方胸部。

圖1-79

80. 托樑換柱

依上式，雙掌外攤轉成陽掌時，兩手促勁往上推託，注意兩手留中（圖1-80）。

圖1-80

81. 獅子回頭

依上式，右腳向右前方進一步。左手成膀手膀住木樁左手內簾，右拜掌護於左肋，上身朝右（圖1-81）。

圖1-81

82. 彪躍懸崖

依上式，身隨木樁轉，右腳向前一步。左手伏住木樁左手，右手變切掌猛擊木樁脖子（圖1-82）。

圖1-82

83. 迫步耕攔

依上式，左腳進馬迫住木樁腳（腳外側緊貼木樁腳）。左手變下攔手攔住木樁下手，右手耕住木樁左手外簾（圖1–83）。

圖 1–83

84. 鑿壁尋珠

依上式，左腳抽離木樁腳，身腰馬隨即轉正成二字鉗陽馬。右手變弓背留中掌按伏木樁左手背，左手變日字沖拳猛擊木樁中丹（圖1–84）。

圖 1–84

圖 1-85

85. 猛豹穿峰

依上式，左手化攤手攤在木椿右手內簾，右手變日字拳猛擊木椿中丹（圖1-85）。

圖 1-86

86. 托樑換柱

依上式，雙掌外攤轉成陽掌時，兩手促勁往上推託。注意兩手留中（圖1-86）。

87. 飛鴻反掌

依上式，身腰左轉，重心在右腳上。右手變耕手耕在木樁左手外簾，左手成攔手攔在木樁右手內簾（圖1-87）。

拆門解義

當接到對方來拳時，我即身腰馬轉左。如對方打來的是右拳，我可用左手攔截；如對方打來的是左拳，我可用右耕手黏住對方來拳。運用時要根據實際情況靈活變化。

圖 1-87

88. 飛鴻反掌

依上式，身腰馬右轉，重心在左腳上。左手反轉成耕手耕在木樁右手外簾，右掌下插後起肘攔在木樁左手內簾（圖1-88）。

圖 1-88

圖 1-89

圖 1-90

89. 飛鴻反掌

依上式，身腰馬左轉，重心在右腳上。右手變滾樁手向上反耕，耕住木樁左手外簾，左手轉插掌後起肘攔住木樁右手內簾（圖1-89）。

90. 霸王夜宴

依上式，左腳繞木樁進一步。右手伏抓木樁右手，左手扣住木樁脖子（圖1-90）。

拆門解義

當我用飛鴻反掌黏住對方來拳時，即可右手壓對方橋手，左手隨身以大閃側勢走對方的側位去卡對方的脖子。

91. 托梁換柱

依上式，當雙掌外攤轉成陽掌時，兩手促勁往上推託。注意兩手留中（圖1-91）。

圖 1-91

92. 飛鴻反掌

依上式，身腰馬右轉，重心在左腳上。左手變耕手耕住木樁右手外簾，右手成攔手攔在木樁左手內簾（圖1-92）。

圖 1-92

93. 飛鴻反掌

依上式，身腰馬左轉，重心在右腳上。右手以滾椿手向上反耕，耕住木椿左手外簾；左手轉插掌，然後起肘攔住木椿右手內簾（圖1-93）。

圖 1-93

94. 飛鴻反掌

依上式，身腰馬右轉，重心在左腳上。左手化掌為耕手，耕住木椿右手外簾右掌下插後起肘攔住木椿左手內簾（圖1-94）。

圖 1-94

95. 霸王夜宴

依上式，右腳繞木樁進一步。左手伏抓木樁左手，右手扣住木樁脖子（圖1-95）。

圖 1-95

96. 托樑換柱

依上式，雙掌外攤，轉至成陽掌時，兩手促勁往上推託。注意兩手留中（圖1-96）。

圖 1-96

圖 1-97

97. 老象尋牙

依上式，右手化拜掌推向木椿的右手內簾，左掌化拜掌護於右胸前（圖1-97）。

拆門解義

如對方用右直沖拳向我攻擊，我即可用右拜掌橫掃，化其攻擊的威力。

圖 1-98

98. 老象尋牙

依上式，右拜掌上收回左胸前，左拜掌推向木椿左手內簾（圖1-98）。

99. 老象尋牙

依上式，右手化掌由下推向木樁右手內簾，左拜掌收回左胸前（圖1-99）。

圖 1-99

100. 單龍出海

依上式，左拜掌不動，右掌變伏手伏在木樁右手上，並前推掌刀（圖1-100）。

拆門解義

我以拜掌橫掃對方直拳，隨勢化單切掌猛擊對方的脖子，然後再轉下招——毒蛇吐信。

圖 1-100

圖 1-101

圖 1-102

101. 毒蛇吐信

依上式，右伏手變攤手攤在木樁左手內簾，左手變標指擊向木樁面部（圖1-101）。

拆門解義

對方以左直沖拳向我上中路攻擊，我即化右攤手攤住對方的左拳，左手化標指插向對方的喉部或雙眼。

102. 毒蛇吐信

依上式，將左標指手變為攤手，攤在木樁右手內簾，右手變標指插向木樁面部（圖1-102）。

103. 猛龍吐珠

依上式，右手轉成按掌按住木樁下手，左掌變拳猛擊木樁面部（圖1–103）。

圖 1-103

104. 猛龍吐珠

依上式，左拳變按掌按住木樁下手，右按掌隨即變日字拳猛擊木樁面部（圖1–104）。

拆門解義

如對方以直沖拳向我中下路攻擊，我即可用右手按住對方的來拳，同時打出左直沖拳，猛擊對方面部。

圖 1-104

105. 連環標指

依上式，右拳變掌摸木椿下手，然後壓在左手背上；左掌抽出後壓在右掌背上，然後變標指，左手插向木椿頭部，右手插向木椿胸部（圖1-105）。

拆門解義

如對方用右（或左）直沖拳向我攻擊，我即可用連環標指同時反擊。可採用左來右擋、右來左擋連削帶打的打法去反擊對方。

圖 1-105

106. 反手攤搭

依上式，兩手同時攤在木椿兩上手上（圖1-106）。

拆門解義

如對方採用雙風灌耳的手法向我攻擊，我即可用反手攤搭來化解，然後轉下招——龍騰虎躍。

圖 1-106

107. 龍騰虎躍

依上勢，雙手反轉
（左上右下）插向木樁面
部，。同時，出左腳踢打
在木樁下手底部（圖1–
107）。

拆門解義

當我用雙手攤搭攤住
對方來拳時，隨即反手向
上打出標指手；同時，蹬
出左腳踢對方的襠部。

圖 1-107

108. 餓虎擒羊

依上式，左腳歸原
位。雙手左上右下同時下
按木樁下手（圖1–108）。

拆門解義

如對方起腳或用低插
拳向我中路攻擊，我可用
雙按掌將其伏住，然後轉
下招──連環沖拳。

圖 1-108

109. 連環沖拳

依上式，左按掌變日字拳猛擊向木樁面部（圖1-109）。

圖 1-109

110. 連環沖拳

依上式，左日字拳變掌摸按木樁下手，同時右手變日字拳猛擊木樁面部（圖1-110）。

圖 1-110

111. 連環沖拳

依上式，右拳變掌按摸木樁下手，左掌變拳猛擊木樁面部（圖1-111）。

圖 1-111

112. 連環沖拳

依上式，左拳變掌向下按住木樁下手，右掌變拳猛擊木樁面部（圖1-112）。

圖 1-112

113. 連環沖拳

依上式，右拳變掌向下按住木樁下手，左掌變拳猛擊木樁面部（圖1-113）。

拆門解義

當雙手按下對方打來的拳或腳時，可隨即連續打出沖拳，或右伏左打，或左伏右打，連打五拳。

圖1-113

114. 托樑換柱

依上式，雙掌外攤轉成陽掌時，兩手促勁往上托，注意兩手留中（圖1-114）。

圖1-114

115. 老象尋牙

依上式，左手變拜佛掌推向木樁左手內簾，右手成拜佛掌護於左胸前（圖1–115）。

圖 1–115

116. 老象尋牙

依上式，右拜佛掌由下推向木樁右手內簾，左拜佛掌收回右胸前（圖1–116）。

圖 1–116

圖 1-117

117. 老象尋牙

依上式,左拜掌由下推向木樁左手內簾,右拜掌收回左胸成護掌(圖1-117)。

圖 1-118

118. 單龍出海

依上式,左拜掌變伏手伏在木樁左手上前推,右拜掌不動(圖1-118)。

119. 毒蛇吐信

依上式，左手化為攤手攤在木樁右手內簾，右手變標指插向木樁面部（圖1-119）。

圖1-119

120. 毒蛇吐信

依上式，右標指變攤手攤在木樁左手內簾，左攤手變標指插向木樁面部（圖1-120）。

圖1-120

圖 1-121

121. 猛龍吐珠

依上式，左手變按掌按住木椿下手，右攤手變日字沖拳猛擊木椿面部（圖1-121）。

圖 1-122

122. 猛龍吐珠

依上式，右拳變掌向下按木椿下手，左按掌變日字沖拳猛擊木椿面部（圖1-122）。

123. 連環標指

依上式，左拳摸木樁下手後壓在右掌上，右掌隨即抽出壓在左掌背上，然後變標指向右插上直擊木樁的面部，左手向下直插木樁的中丹（圖1－123）。

圖 1-123

124. 反手攤搭

依上式，雙手同時攤在兩木樁手上（圖1-124）。

圖 1-124

圖 1-125

125. 龍騰虎躍

依上式，雙手變標指後直插（右下左上）打木椿面部。右腳同時踢打木椿下手底部（圖1-125）。

126. 餓虎擒羊

依上式，雙手變疊掌後用掌根勁下按木椿下手，雙掌右上左下（圖1-126）。

圖 1-126

127. 連環沖拳

依上式，右掌變日字沖拳向上猛擊木樁面部（圖1-127）。

圖 1-127

128. 連環沖拳

依上式，右拳變掌向下按木樁下手，左掌變日字沖拳向上猛擊木樁面部（圖1-128）。

圖 1-128

129. 連環沖拳

依上式，左拳變掌向下按住木椿下手，右掌變日字沖拳向上猛擊木椿面部（圖1-129）。

圖1-129

130. 連環沖拳

依上式，右拳變掌向下按住木椿下手，左掌變日字沖拳向上猛擊木椿面部（圖1-130）。

圖1-130

131. 連環沖拳

依上式，左沖拳變掌
向下按木樁下手，右按掌
變日字沖拳向上猛擊木樁
面部（圖1–131）。

圖 1-131

132. 托樑換柱

依上式，當雙掌外攤
轉成陽掌時，兩手促勁往
上推託，注意兩手留中
（圖1–132）。

圖 1-132

圖 1-133

133. 獨臂擒狼

依上式，腰馬左轉，右手成上膀手膀向木樁右手內簾，左手成拜掌護於右胸前（圖1-133）。

拆門解義

如對方用直沖拳向我上中路攻擊，我用高膀手接對方的攻擊；如對方以另一手同時向我肋部攻擊，我膀手即可隨身腰馬轉正，同時右手變按掌，然後轉招式紫微伏獸，左手變拳猛擊對方的面部。

134. 紫微伏獸

依上式，身腰馬坐正，右膀手變按掌向下按木樁下手，左拜掌變日字沖拳猛擊木樁面部（圖1-134）。

圖 1-134

135. 紫微伏獸

依上式，左沖拳變按掌向下按住木樁下手，右按掌變日字拳向上猛擊木樁面部（圖1-135）。

圖1-135

136. 白鶴亮翅

依上式，身腰左轉，右掌伏住木樁右手，同時左肘尖橫掃猛擊木樁頭部（圖1-136）。

拆門解義

當我右直沖拳打在對方的面部時，隨即下抓；同時，身腰馬右轉，打出左中肘擊向對方的太陽穴或脖子。

圖1-136

圖 1-137

137. 白鶴亮翅

依上式，當左肘尖撞在木樁頭部時，左手即變掌按住木樁左手，然後身腰左轉，以右肘尖撞擊木樁頭部（圖1-137）。

138. 托樑換柱

依上式，雙掌向外攤，當轉成陽掌時兩手促勁往上推託，注意兩手留中（圖1-138）。

圖 1-138

139. 獨臂擒狼

依上式，身腰馬右轉，左手成高膀手膀住木樁左手內簾，右手變拜佛掌護於左胸前（圖1-139）。

圖 1-139

140. 紫微伏獸

依上式，身腰馬坐正，左膀手變掌向下按住木樁中手，右拜掌變日字沖拳猛擊木樁面部（圖1-140）。

圖 1-140

141. 紫微伏獸

依上式，右拳變掌向下按住木樁下手，左按掌變日字拳向上猛擊木樁面部（圖1-141）。

圖 1-141

142. 白鶴亮翅

依上式，左拳變按掌向下按住木樁左手，然後以右肘尖猛擊木樁頭部（圖1-142）。

圖 1-142

143. 白鶴亮翅

依上式，右手變按掌按住木椿右手，身腰隨即右轉，以左肘尖橫掃，猛擊木椿頭部（圖1-143）。

圖 1-143

144. 托樑換柱

依上式，雙掌外攤，當轉至成陽掌時，兩手促勁往上推託，注意兩手要留中（圖1-144）。

圖 1-144

145. 獅子回頭

依上式，身腰馬左轉，右手變膀手膀住木樁左手外簾，左手變拜佛掌護於右胸前（圖1-145）。

圖 1-145

146. 仙人托缽

依上式，身腰馬坐正，右膀手沉肘變右攤手攤住木樁左手內簾，右拜掌不動（圖1-146）。

拆門解義

當膀住對方的來手時，即可轉馬坐正，攤手搶得對手的內簾後轉招式單虎出洞。

圖 1-146

147. 單虎出洞

依上式，右攤手促勁，力貫五指後反掌，然後以豎掌打向木椿面部，左拜掌不動（圖1–147）。

拆門解義

當攤住對方的來拳時，搶得內簾的手變爪猛抓對方的面部。

圖1–147

148. 玄壇伏虎

依上式，右豎掌變按掌向下按住木椿下手，左手不動（圖1–148）。

拆門解義

如對方以低插拳向我攻擊，我可用按掌按住對方的來拳，然後轉招式雙撞拳法。

圖1–148

圖1-149

149. 雙撞拳法

依上式，雙手同時握拳，左上右下地向木樁的頭和中丹猛擊（圖1-149）。

拆門解義

當我用按掌按住對方打來的拳時，促使對方重心前移，隨即打出雙日字拳。

150. 餓鶴尋蝦

依上式，左拳變掌按住木樁左手，然後以右肘叩擊木樁喉部（圖1-150）。

拆門解義

如對方用左沖拳向我攻擊，我即用左伏手封來拳；同時，身腰馬左轉，並以左肘打對方的面部或脖子。

圖1-150

151. 餓鶴尋蝦

依上式，右手變掌按住木樁右手，然後以左肘叩擊木樁喉部（圖1-151）。

圖 1-151

152. 托樑換柱

依上式，雙掌外攤，當轉成陽掌時兩手促勁往上推託，注意兩手留中（圖1-152）。

圖 1-152

圖 1-153

153. 獅子回頭

依上式，身腰馬右轉，以左手膀手膀向木椿右手外簾，右手成拜掌護於左胸前（圖1-153）。

154. 仙人托缽

依上式，身腰馬坐正，左手沉肘變掌外攤，攤住木椿右手內簾，右拜掌不動（圖1-154）。

圖 1-154

155. 單虎出洞

依上式，促勁使力貫五指，然後以豎掌猛打木樁面部，右拜掌不動（圖1-155）。

拆門解義

當我攤住對方來拳搶得內簾後，可使出爪法去抓對方的面部或脖子。

圖 1-155

156. 玄壇伏虎

依上式，左豎掌打木樁面部後，變伏掌向下按木樁下手，右手不動（圖1-156）。

圖 1-156

圖 1-157

圖 1-158

157. 雙撞拳法

依上式，雙手變日字拳，並右上左下地同時猛擊木樁頭部和胸部（圖1-157）。

158. 餓鶴尋蝦

依上式，右拳變掌向下按住木樁右手，左肘出外簾後扭身上繞，以肘尖猛擊木樁喉部（圖1-158）。

159. 餓鶴尋蝦

依上式，左手變掌向下按木椿左手，右肘出外簾後扭身上繞，以肘尖猛擊木椿喉部（圖1-159）。

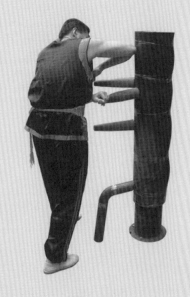

圖 1-159

160. 托樑換柱

依上式，雙掌外攤，當轉成陽掌時兩手促勁往上推託，注意兩手留中（圖1-160）。

圖 1-160

圖 1-161

161. 猛虎憑欄

依上式，身腰向左轉，左手成拜掌護於左胸前，右手變膀手膀住木樁下手（圖1-161）。

拆門解義

對方以低插拳向我攻擊，我即可用低膀手接其來招，然後轉招橫掃千軍。

圖 1-162

162. 橫掃千軍

依上式，右膀手突然下插，殺向木樁右腹部，身體略前俯（圖1-162）。

拆門解義

當膀手膀住對方來拳後，隨即身體移馬前傾，同時打出刀掌猛擊對方下腹部。

163. 斑豹施威

依上式，左腳向左方跳一步，身腰馬跟上，成右耕左攔手後，右腳向木樁腳打出虎尾腳（腳向後直踩，武術界稱此為虎尾腳）（圖1-163）。

拆門解義

當我以高、中、低三膀手攔住對方橋手時，即可向右邊閃身移出一步，同時打出虎尾腳，然後轉招探囊取寶。

164. 探囊取寶

依上式，當腳踩向樁腳後，緊接著以右腳尖踢向木樁底部，然後右手攤住木樁右手外簾，左手成橫掌打在木樁右肋（圖1-164）。

圖 1-163

圖 1-164

圖 1-165

165. 迫步耕攔

依上式,右腳向前緊迫木樁腳,身體稍向右轉。左手耕在木樁右手外簾,右手變攔手攔住木樁下手(圖1-165)。

圖 1-166

166. 白鶴回頭

依上式,抽回右腳,上身稍向左轉。左手成弓背留中掌鉤住木樁右手外簾,右手變拳向上猛擊木樁面部(圖1-166)。

拆門解義

在右腳迅速抽離對方腳側的同時,左手割住對方的來拳,右手猛擊對方的顴骨。

167. 白鶴回頭

依上式，身腰稍向右轉，右拳變弓背留中掌鈎住木樁右手內簾，左手變拳向上猛擊木樁顴骨位置（圖1-167）。

圖 1-167

168. 白鶴回頭

依上式，身腰稍向左轉，左拳變弓背留中掌鈎住木樁右手外簾，右手變拳向上猛擊木樁面部顴骨位置（圖1-168）。

圖 1-168

圖 1-169

169. 托樑換柱

依上式，雙掌外攤，當轉成陽掌時兩手促勁往上推託，注意兩手留中（圖1-169）。

圖 1-170

170. 猛虎憑欄

依上式，身腰稍向右轉，左手變膀手膀向木椿下手，右手變拜佛掌護於左胸前（圖1-170）。

171. 橫掃千軍

依上式，身體稍向前傾（呈小俯勢），左膀手變掌突然向木樁左腹部猛擊，右手成護掌不動（圖1–171）。

圖1–171

172. 斑豹施威

依上式，右腳向右方跳一步，左腳以虎尾腳猛踩木樁腳。雙手為左攔右耕手（圖1–172）。

圖1–172

173. 探囊取寶

依上式，左腳上步，腳尖踩在木樁根部。左攤手攤住木樁左手外簾，右掌變低掌打在木樁中手的左腹部（圖1–173）。

圖 1–173

174. 迫步耕攔

依上式，左腳擺步迫住木樁腳（腳外側緊貼木樁腳）。右手耕住木樁左手外簾，左手往下攔住木樁下手（圖1–174）。

圖 1–174

175. 白鶴回頭

依上式，左腳抽離木樁腳，身腰稍向右轉。右耕手變弓背留中掌鉤住木樁左手，左手變日字沖拳猛擊木樁面部（圖1-175）。

圖 1-175

176. 白鶴回頭

依上式，身腰稍向左轉，左拳變弓背留中掌鉤住木樁左手內簾，右掌變拳向上猛擊木樁面部（圖1-176）。

圖 1-176

177. 白鶴回頭

依上式，身腰稍向右
轉，右拳變弓背留中掌留
住木椿左手，左掌變拳向
上猛擊木椿面部（圖1-
177）。

圖1-177

178. 托樑換柱

依上式，雙掌外攤，
當轉成陽掌時，兩手促勁
往上推託，注意兩手留中
（圖1-178）。

圖1-178

179. 鉤鐮膀手

依上式，身腰馬稍向左轉，右手成膀手膀住木椿下手，左拜掌護於右胸前（圖1-179）。

拆門解義

如對方以低插拳向我攻擊，我即可身腰左轉，以膀手膀住對方的來拳，然後轉招沉肘沖拳。

圖1-179

180. 沉肘沖拳

依上式，身腰馬坐正，右膀手沉肘變日字沖拳猛擊木椿面部，左拜掌不動（圖1-180）。

拆門解義

將沉肘化拳猛擊對方的頭部。

圖1-180

181. 沉橋按掌

　依上式，以長橋促
勁，用掌根下按木椿下
手，左拜掌不動（圖1-
181）。

拆門解義

　　對方以下鉤拳或低插
掌向我下路攻擊，我即可
以沉橋按掌接招，然後轉
招連環沖拳。

圖 1-181

182. 連環沖拳

　依上式，下按掌變日
字沖拳向上猛擊木椿面
部，左拜掌不動（圖1-
182）。

圖 1-182

183. 白鶴晾翼

依上式，右拳沉肘，拳掌向耳後收，右肘直撞向木樁面部（圖1-183）。

拆門解義

我方用直沖拳猛擊對方頭部，隨即以肘底勁從下向上撞出肘尖，猛擊對方的面部。

圖 1-183

184. 沉橋按掌

依上式，收右肘，右拳下按木樁下手（圖1-184）。

圖 1-184

185. 白鶴晾翼

依上式，右按掌向耳後收，右肘尖由下而上直撞出，猛擊木樁的面部（圖1-185）。

圖 1-185

186. 托樑換柱

依上式，雙掌外攤，當轉成陽掌時，兩手促勁往上推託，注意兩手留中（圖1-186）。

圖 1-186

187. 鉤鐮膀手

依上式，身腰馬向右轉，左手成膀手膀住木椿下手，右拜佛掌護於左胸前（圖1-187）。

圖1-187

188. 沉肘沖拳

依上式，身腰馬坐正，膀手沉肘變日字沖拳猛擊木椿面部，右拜掌不動（圖1-188）。

圖1-188

189. 沉橋按掌

依上式，以長橋促勁，左手用掌根勁下按木樁下手，右拜掌不動（圖1-189）。

圖 1-189

190. 連環沖拳

依上式，下按掌變日字拳向上猛擊木樁面部，右拜掌不動（圖1-190）。

圖 1-190

191. 白鶴晾翼

依上式，左拳掌向耳後收，右肘尖由下而上直撞出，猛擊木樁的面部（圖1-191）。

圖1-191

192. 沉橋按掌

依上式，收回左肘尖，然後變掌下按木樁下手（圖1-192）。

圖1-192

193. 白鶴晾翼

依上式，左按掌向耳後收，左肘尖由下而上直撞出，猛擊木樁的面部（圖1-193）。

圖 1-193

194. 托樑換柱

依上式，雙掌外攤，當轉成陽掌時，兩手促勁往上推託，注意兩手留中（圖1-194）。

圖 1-194

195. 獅子滾球

依上式，雙手托木椿手（四指上翹）後圈割木椿外簾（圖1-195）。

拆門解義

對方以雙龍出海向我中路攻擊，我用雙割手割住對方的來拳或伏手，然後轉招式猛虎扒沙。

圖 1-195

196. 猛虎扒沙

依上式，四指搶入內簾，運掌根勁以掌打向木椿左、右兩肋（圖1-196）。

拆門解義

當我用雙割手割住對方的來拳時，隨即分開對方的橋手，用雙掌猛擊對方的雙肋。

圖 1-196

197. 將台鉗陽

依上式，雙掌握拳收回至將台（圖1-197）。

拆門解義

全身以鉗陽勢正立，頭如頂千斤，氣沉丹田，再由丹田到達四肢，如此連續三次。此時應是靜如處子，也是預備式中以靜制動的準備。

圖 1-197

198. 收拳還原

依上式，雙拳變掌下按後垂指，雙腳收馬；兩腳跟內收成反「八」字，再收兩腳尖成「八」字，最後雙腳跟內收半步使雙腳歸原位（圖1-198）。

拆門解義

收拳還原，整套樁法完結。

圖 1-198

詠春拳六點半棍法

一、六點半棍法的源流

棍術自古以來屬各大武藝之祖，是十八般武藝中重要的攻防兵器之一，它在武林中廣為流傳，而且多以外家棍法為主。明代抗倭名將戚繼光說過：「若能棍，則諸利器之法，從此得矣。」可見，棍在冷兵器時代佔有重要的地位。

詠春拳六點半棍法屬內家棍法，外傳甚少。六點半棍法主要由前三點、後三點以及中間不進不退為半點的六個基本動作組成，因此被武林中人稱為六點半棍法。

北宋《武經總要》說：「取堅重木為之，長四五尺，異名有四：曰棒，曰輪，曰杵，曰杆。」在冷兵器時代，棍棒的使用與配備比其他兵器（如刀、槍、劍、戟等）便利得多。能練就一身嫻熟的棍法，一旦遇有突變，常常可以借用家中的扁擔、山野樹林中樹木的粗枝或竹竿為兵器。以棍棒為兵器的好處不但在於其取材容易，而且其運用也十分方便，可掄、劈、掃、舞，可伸可縮，可上攔，可下打，棍頭和棍尾都可運用，其威力也容易發揮，拳訣中有「槍紮一條線，棍打一大片」之說，其威力往往可使對手防不勝防。

　　據傳詠春拳宗師一塵庵主將棍法傳給張五之後，其棍法便在紅船中得以流傳。後黃華寶和梁二娣兩位前輩初步完善了詠春拳的體系，該套棍法也被稱為詠春六點半棍法。由於黃華寶、梁二娣兩位前輩曾在梨園謀生，故此該棍法也被稱為班中六點半棍法。

　　因為當時該棍法主要是在紅船上練習（不能大展拳腳），所以棍法套路採用了平棍和窄馬，棍法中只有殺、割、掄、彈、釘和挑六個小式。這六個小式看似簡單，實際上暗藏的心法變幻無窮，故此在詠春門中如無相當根基者，是不許教授六點半棍法的。

　　與梁二娣一起在紅船上的還有另一位詠春拳高手——大花面錦，授徒有馮少青、霍保全等人。由於當時習武之風正盛，在紅船上練習武藝，除練拳外還要練樁和練棍，在船上練棍時使用的是棍樁（經木梯或竹梯為樁），並一直流傳至今。當時詠春拳的流傳已分二支：

　　一支是以黃華寶、梁二娣為代表，也就是流傳至今的梁贊詠春，被譽為佛山詠春；而另一支由大花面錦傳馮少青，再傳三水人黎大師，最後又重新傳入佛山。雖然是先分後合，兩脈最終都合於佛山，這也是事物發展的一種必然趨勢。因為各脈的流傳都離不開佛山詠春的種種傳說，而這些傳說又經門中同人和前輩的代代相傳，動作或某些手法或提法上會有細微的差異，如：詠春拳、咏春拳、永春拳等，這是不足為奇的，不過各脈流傳的拳法、六點半棍的心法卻是一致的。

　　在清朝的同治年間，六點半棍法由黃華寶、梁二娣傳給了梁贊。其後，大約在光緒年間梁贊再將棍法傳授給了

陳華順、梁春和梁璧等人。陳華順又傳給了陳汝棉和雷汝濟等人，經他們又傳給了吳仲素、黎葉箎和葉問（李小龍的師傅，早年定居香港）。詠春拳在很多時候都是以師兄帶師弟的方式傳授的，而黏手和棍法的對練大都是在師兄弟之間進行，因此在同門中會出現和諧的師兄互教或師叔伯間互學的團結現象。

大概在民國初年，陳汝棉等人將棍法傳給了陳家廉、招就等人。陳家廉、黎葉箎和葉問等大師都有設館授徒。在這個時期，棍法的流傳便有了分支，而彭南師傅的六點半棍法是黎葉箎和招就大師所傳。這套棍法從外表上看較為簡單，而實際運用卻是千變萬化，變幻無常，如詠春拳訣所曰：「三三不盡，六六無窮。」因此在本門中，無相當根基者，是絕不會傳授六點半棍法的，即使是熟習三套拳（小念頭、尋橋、標指）者，如品行不良，師傅也絕不會將棍法傳授給他。

所以在今天，真正掌握這套棍法的已不多，儘管有些愛好者及同門中人曾經學過或者還記得整套棍法的打法，也僅涉獵其皮毛而已，很難打出該棍的巧勁。

六點半棍棍法的分支較多，流傳分佈的地域較廣，包括佛山、廣州、中山、南海、番禺和香港。在國外，棍法的流傳又分二支，有永春拳六點半棍和詠春拳六點半棍，但並不存在兩家棍法，從源流來看原是出於一家，只是各家習者的手法大同小異而已，本質上是異曲同工的。

二、六點半棍法的特點

該棍的長度約240公分（7尺2寸），它以左把棍為主

（左手在前），要求用力握棍。棍門上與肩平，上不過頭，下不過膝。棍法主要有殺、割、掄、彈、釘和挑。使棍開式時以詠春拳二字鉗陽馬為主，要頭正、神莊，以六合（即肩、肘、腕、腰、膝和踝）關節為力點。六點半棍使用起來變幻無窮，學習棍法時首先是練點數，即整套棍法的散棍，練熟後才能轉練套路；當套路練熟後再練黏棍，如同學習詠春拳的套路從初級過渡到高級的黏手一樣。在此需要說明的是，因為黏棍的練習比較危險，所以在本書中不教黏棍，還望廣大武術愛好者見諒。

初學六點半棍時，應先練殺棍和割棍，要求將木梯或竹梯倒過來作為棍樁，使作為目標的方框較大。在練習殺棍和割棍時，以上下、左右不碰木梯為原則。練至嫻熟後，將木梯放正，使作為靶標的方框變小，練習也是以不碰到木梯為原則。

當熟練掌握後可轉入練掄棍。掄棍時棍一定要平直，不能高出肩，棍梢不能低下。掄棍要以雙肘內夾出掄，以棍梢直插向目標。初學者可先選一個點不斷練習，如把木人樁的手拿出來，便可在樁手的四方格中去練至嫻熟為止。

彈棍時亦要肩平棍直，蓄掄勢。當對方準備向我進攻時，我即用彈棍以待，這樣可使對手不論是從哪個方向向我進攻，不管是攻我的上、中、下哪路，我都可以隨時用殺、割、掄、彈、釘和挑等棍法進行還擊。

釘棍是當對方向我腰部以下攻擊或當我的棍已搭在對方棍上時，用棍梢突然由平往下壓打。壓打這一招非常重要，是我向對手發起反攻的準備。挑棍是該棍法最後一

式，是一招後發制人的招式，要領是將棍梢突然由下向上挑打。它通常是對手向我進攻，我以靜制動的一招，並常常配合步法而後發。

六點半棍與八斬刀同是詠春門中的獨門兵器，以進攻為主，正如拳經所曰：「一寸長，一寸強。」它以其240公分（7尺2寸）之長勁，迫對手無法靠近，不論對手用什麼兵器進攻，我都可以守住左側門，並以殺、割、搵、彈、釘和挑等棍法，配合身腰馬的變化迫對手於不利（失勢）之中，然後戰勝之。

使棍時，要求手、眼、身法和步法協調合一；要做到心棍合一，力透棍梢。手法有開合、陰陽和提按之分；而棍法的著力處在棍梢。外家棍法的步法大多為大蹦大跳，運動十分激烈，而六點半棍法的練就和流傳是在船板之上或在船艙之中（為守船、護船之武器），故只採用詠春拳的二字鉗陽馬為主攻步法。

三、六點半棍法套路及動作要領

1. 開鉗陽馬（第1勢）

在拍腳鉗陽馬的基礎上，雙腳跟略離地面後向左右移開成「八」字形馬，雙腳跟著地後雙腳尖向左右移開成反「八」字馬，然後雙腳跟向左右移半步成「11」字形馬，這時雙腳掌外側緊鉗地面，開膝、沉腰、提肛、收臀，環跳凹陷，氣沉丹田。注意上身要挺直，不能後仰或折腰（圖2-1）。

圖 2-1

圖 2-2

圖 2-3

2. 下蹲請棍
（第2勢）

依上勢，促腰馬勁彎雙膝，慢慢下蹲將棍請起，左手陽把握棍，右手陰把握緊棍尾（手握棍時手心向天稱為陽把，手心向地稱為陰把）（圖2-2）。

3. 預備起勢
（第3勢）

依上勢，以腰馬橋促勁，雙腳以踝、膝、髖發力起身。兩手以同肩寬握棍並提至與肩平（圖2-3）。

4. 上步殺棍
（第4勢）

依上式，雙腳保持二字鉗陽馬，然後左腳向前方邁出一步，以腰馬促六合勁將棍送出（左手將棍前推，右手將棍尾後拉），使棍梢與肩同高，目光盯住棍梢（圖2-4）。

圖 2-4

5. 馬步割棍
（第5勢）

依上式，左腳著力，右腳向前邁出一步成二字鉗陽馬，也可站右前左後馬。左手將棍拉回，右手以肘底勁向前猛推棍尾，使棍梢朝下，目光盯住棍梢（圖2-5）。

圖 2-5

圖2-6

6. 鉗陽摙棍
（第6勢）

依上式，當完成割棍後，即將手中木棍彈回中線，然後以左右橋手同時促勁將棍向左前方直線刺出，以棍梢守住對手要害部位（圖2-6）。

以上動作要敏捷陰柔，因詠春拳的精髓是以靜制動，以柔制剛，剛柔結合。摙棍常配合前二勢，只是殺割動作要求迅速準確，馬步穩發，這樣摙棍才能有力和迅速。

7. 沉腰彈棍
（第7勢）

依上式，雙手促勁將棍收回至身正前方，兩手與肩同寬並雙手留中（兩平肘底與雙肋距約10公分），目光盯住棍梢（圖2-7）。

圖 2-7

8. 守中釘棍
（第8勢）

依上式，運六合勁將棍梢往下猛打，下打時左手下壓右手上提，使棍梢突然打下（圖2-8）。這是突然以重力下打的招式，如果功力深厚，棍梢的突然下釘，可使對手之勢盡失。

圖 2-8

9. 六合挑棍
（第9勢）

依上式，以腰馬橋促勁，將手中棍由下往上挑打，即以右手用力將棍尾下壓，使棍梢向上（圖2-9）。此式為第一點棍。

圖 2-9

10. 上步殺棍
（第 10 勢）

依上式，左腳向前邁出一步，以腰馬促六合。左手向前，右手後拉，使棍梢高與肩平，目光盯住棍梢（圖2-10）。

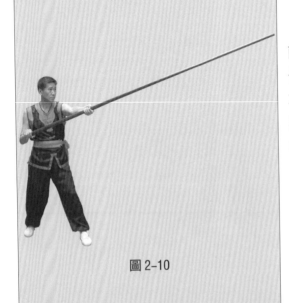

圖 2-10

11. 馬步割棍
（第11勢）

依上式，左腳著力，右腳向前邁上一步成二字鉗陽馬，也可站右前左後馬。左手回拉，右手以肘底勁向前猛推棍尾，使棍梢向下，目光盯住棍梢（圖2-11）。

12. 鉗陽掄棍
（第12勢）

依上式，當割棍完成後，即將手中棍彈回中線，左右橋手同時促勁，將棍梢向左前方直線刺出，以棍梢守住對手要害部位（圖2-12）。

此招式動作要求在微動中完成，因為詠春拳的精髓是以靜制動，以柔制剛，剛柔兼備。掄棍常常配合前二勢，不過殺割

圖 2-11

圖 2-12

要迅速準確，穩坐鉗陽馬，只有馬步穩掄棍才會有力而迅速。

13. 沉腰彈棍
（第 13 勢）

依上式（仍為鉗雙馬），雙手用力將棍收回至身正前方，雙手與肩同寬（要留中），即雙平肘底與兩肋距約10公分，目光盯住棍梢（圖2-13）。

14. 守中釘棍
（第 14 勢）

依上式，以六合勁將棍梢往下猛打，然後左手下壓，右手上提（圖2-14）。

這是突然以重力下打的招式，如果功力深厚，這招下釘壓打可使對手之勢盡失。

圖 2-13

圖 2-14

15. 六合挑棍
（第 15 勢）

依上式，以腰馬橋促勁將手中棍由下往上挑打，即以右橋手用力下壓，左橋手上挑使棍梢朝上（圖2-15）。此勢為第二點棍。

圖 2-15

16. 上步殺棍
（第 16 勢）

依上式，左腳向前邁出一步，以腰馬促六合勁。左手向前推棍，右手將棍尾向後拉，使棍梢與肩同高，目光盯住棍梢（圖2-16）。

圖 2-16

17. 馬步割棍

（第 17 勢）

依上式，左腳著
力，右腳向前邁出一
步，成二字鉗陽馬，
也可站右前左後馬。
左手將棍回拉，右手
以肘底勁向前猛推棍
尾，棍梢朝下，目光
盯住棍梢（圖2-17）。

圖 2-17

18. 鉗陽掄棍

（第 18 勢）

依上式，當割棍
完成後，即將手中棍
回彈中線，並以左右
橋手同時促勁，將棍
梢向左前方直線刺
出，使棍梢守住對手
要害部位（圖2-18）。

此招動作要求在
微動中完成，掄棍經
常是配合前二勢用，
殺割棍時一定要迅速
準確，坐穩鉗陽馬，
馬穩掄棍才能有力而

圖 2-18

迅速。

19. 沉腰彈棍
（第 19 勢）

依上式（仍為鉗陽馬），雙手用力將棍收回至身正前方，兩手與肩同寬（要留中），即雙手平肘底與肋距約10公分，目光盯住棍梢（圖2-19）。

20. 守中釘棍
（第 20 勢）

依上式，以六合勁將棍梢往下猛打，打下時左手下壓，右手上提（圖2-20）。

這是突然以重力下打的招式，如果功力深厚，這招下釘棍可使對手瞬間失勢。

圖 2-19

圖 2-20

21. 六合挑棍
(第21勢)

依上式，以腰馬橋促勁，將手中棍由下往上挑打，即以右橋手用力將棍尾下壓，左橋手上挑，使棍梢朝上（圖2-21）。這為進步第三點棍。

圖2-21

22. 退馬割棍
(第22勢)

依上式，右腳重心坐穩後左腳後退一步。然後左手向後用力將棍猛抽；同時，右手用力前推，使棍稍微向下和左後方割出，目光盯住左前方（圖2-22）。

圖2-22

23. 馬步殺棍
（第23勢）

依上式，右腳退後一步，成二字鉗陽馬，也可站右前左後馬。同時，以腰馬促六合勁用左手向前推棍，右手以肘底勁將棍向後拉回，使棍梢與肩齊平後留在左前方，目光緊盯棍梢（圖2-23）。

24. 鉗陽掄棍
（第24勢）

依上式，當殺棍完成後即彈回守住自己的中線，雙手同時促勁，使棍梢向左前方直線刺出，以棍梢守住對手要害部位（圖2-24）。

此招動作要求在微動中完成，因為詠春拳的精髓是以靜制動，剛柔兼備。掄棍

圖 2-23

圖 2-24

常常配合前二勢用，而且一定要迅速準確。鉗陽馬一定要站好，馬穩掄棍才有力而迅速。

25. 沉腰彈棍
（第25勢）

依上式，仍為鉗雙馬，雙手用力將棍收至身正前方，兩手與肩同寬（雙手留中），目光盯住棍梢（圖2-25）。

圖2-25

26. 守中釘棍
（第26勢）

依上式，促六合勁將棍梢打下（左手下壓，右手上提）（圖2-26）。

這是突然以重力下打的招式，功力深厚者使用這招突然下釘，可使對手瞬間失勢。

圖2-26

27. 六合挑棍
（第27勢）

依上式，以腰馬橋促勁，左橋手上挑，右橋手下壓，使棍梢朝上，目光盯住棍梢（圖2-27）。此勢為後退第一點。

圖 2-27

28. 退馬割棍
（第28勢）

依上式，馬坐穩，左腳向後退一步。左手後抽，右手猛向前推使棍梢向下，然後向後割出，目光盯住左前方（圖2-28）。

圖 2-28

29. 馬步殺棍
(第29勢)

依上式，右腳向後退一步成二字鉗陽馬，也可站右前左後馬。以腰馬促六合勁用左手向前猛推棍，右手以肘底勁向後拉棍，使棍梢與肩齊平後留在自己左前方，目光盯住棍梢（圖2-29）。

30. 鉗陽掄棍
(第30勢)

依上式，當殺棍完成後即將棍彈回守住自己的中線，雙手同時促勁，使棍梢向左前方直線刺出，以棍梢守住對手要害部位（圖2-30）。

這招要在微動中完成，因為詠春拳的精髓是以靜制動，以柔制剛，剛柔兼備。

圖 2-29

圖 2-30

掄棍時常常配合前二勢用，但是一定要迅速準確。坐穩鉗陽馬，馬穩掄棍才會有力而迅速。

31. 沉腰彈棍
（第31勢）

依上式（緊鉗雙腳），雙手促勁將棍收回至身體正前方，兩手與肩同寬，雙手留中，目光盯住棍梢（圖2-31）。

圖 2-31

32. 守中釘棍
（第32勢）

依上式，促六合勁將棍梢下打（左手下壓，右手上提）（圖2-32）。

圖 2-32

33. 六合挑棍
（第33勢）

　　依上式，以腰馬橋促勁，左手上挑，右手下壓，使棍梢朝上（圖2-33）。此勢為後退第二點。

圖 2-33

34. 退馬割棍
（第34勢）

　　依上式，右腳站穩，左腳退後一步。左手後抽，右手猛向前推，使棍梢向下、向後割出，目光盯住棍梢（圖2-34）。

圖 2-34

35. 馬步殺棍
(第35勢)

依上式,右腳向後退一步成二字鉗陽馬,也可站右前左後馬。同時,以腰馬促六合勁,用左手將棍向前猛推,右手以肘底勁將棍尾向後拉回,使棍梢與肩同高(留在自己左前方),目光平視棍梢(圖2-35)。

圖 2-35

36. 鉗陽掄棍
(第36勢)

依上式,當殺棍完成後即彈回守住中線,左右雙手同時促勁,使棍梢向左方直線刺出,以棍梢守住對手要害部位(圖2-36)。

圖 2-36

37. 沉腰彈棍
(第37勢)

　　依上式（仍為緊
鉗雙腳），雙手促
勁，將棍收回至身體
正前方，兩手與肩同
寬（留中），目光盯
住棍梢（圖2-37）。

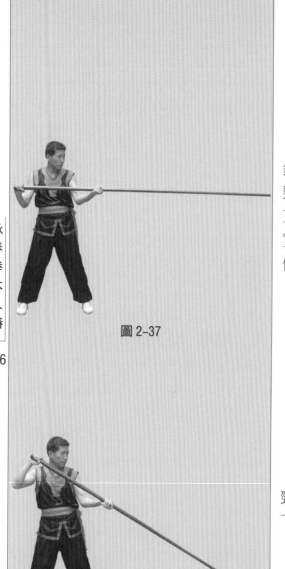

圖2-37

38. 守中釘棍
(第38勢)

　　依上式，促六合
勁將棍梢打下（左手
下壓，右手上提）
（圖2-38）。

圖2-38

39. 六合挑棍
（第39勢）

依上式，以腰馬橋促勁，左橋手上挑，右橋手下壓，使棍梢向上（圖2－39）。此勢為退步第三點棍。

圖 2-39

40. 長橋殺棍
（第40勢）

依上式，當使完三點最後一勢——六合挑棍後，即將棍收回留中位，再以長橋將棍送出（即將雙手握棍伸直），身腰馬同時右擺。左手以長橋推棍，右手以長橋拉棍，身體以腰為軸轉（仍為鉗陽馬），眼角左望棍梢（圖2－40）。

圖 2-40

41. 長橋割棍
(第41勢)

依上式（鉗陽馬不動），以身腰馬促勁左轉回身。同時，左手拉棍，右手推棍，當身體全轉回左時上右馬成二字正身鉗陽馬，也可站右前左後馬。棍梢後退梢朝下（圖2-41）。

圖 2-41

42. 長橋掄棍
(第42勢)

依上式（鉗陽馬不動），當割棍完成後即彈棍梢回守中位，再以腰橋勁將棍梢向左方直刺出，左右兩手以長橋向左方發力（圖2-42）。

圖 2-42

43. 長橋彈棍
（第43勢）

依上式，以橋手用力向身體右邊將棍收回至正前方，兩手與肩同寬，雙手伸直與兩肩平（圖2-43）。

圖 2-43

44. 長橋釘棍
（第44勢）

依上式（緊鉗雙腳），雙手以長橋促勁將棍下打（左橋手下壓，右橋手上提）（圖2-44）。

功力深厚者使此招突然釘下，可使對方瞬間失勢。

圖 2-44

45. 長橋挑棍
（第45勢）

依上式，以腰馬橋促勁。同時，左橋手上挑，右橋手下壓，使棍梢朝上（圖2-45）。此勢為半點棍。

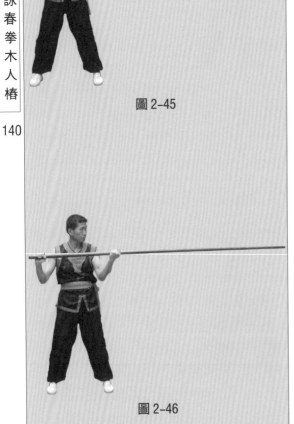

圖 2-45

46. 平棍歸中
（第46勢）

依上式，雙手緩慢收回歸中位，雙肘底與兩肘距約10公分（圖2-46）。

圖 2-46

47. 鉗陽內收
(第47勢)

依上式（二橋上勢），雙後腳跟慢慢抬起，然後向內收一步（圖2-47）。

圖 2-47

48. 鉗陽外收
(第48勢)

依上式（二字鉗陽馬），腳尖稍抬起往內收，成「八」字形（圖2-48）。

圖 2-48

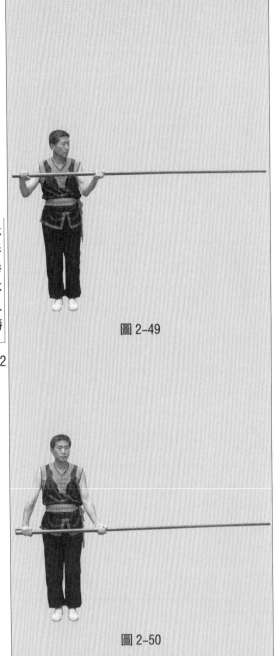

49. 拍腳鉗陽
（第49勢）

依上式，兩腳跟再向內移半步成一字鉗陽馬（圖2-49）。

圖 2-49

50. 還棍還原
（第 50 勢）

兩手緊握棍在歸中位緩慢地自然垂下，成開棍勢後歸原勢（圖2-50）。

圖 2-50

國家圖書館出版品預行編目資料

詠春拳木人樁(附VCD) / 韓廣玖 著
－初版－臺北市：大展，2010【民 99.08】
面；21 公分－（實用武術技擊；26）
ISBN 978-957-468-759-6（平裝；附影音光碟）

1. 拳術　2.中國

528.972　　　　　　　　　　　99010648

詠春拳木人樁(附 VCD)

著　　者／韓　廣　玖

責任編輯／王　躍　平

發 行 人／蔡　森　明

出 版 者／大展出版社有限公司

社　　址／台北市北投區（石牌）致遠一路2段12巷1號

電　　話／(02) 28236031・28236033・28233123

傳　　真／(02) 28272069

郵政劃撥／01669551

網　　址／www.dah-jaan.com.tw

E-mail／service@dah-jaan.com.tw

登 記 證／局版臺業字第 2171 號

承 印 者／傳興印刷有限公司

裝　　訂／建鑫裝訂有限公司

排 版 者／弘益電腦排版有限公司

授 權 者／山西科學技術出版社

初版1刷／2010年（民 99 年）8月

初版2刷／2013年（民 102 年）4月　　　　定價／280 元

大展好書　好書大展
品嘗好書　冠群可期